Mon Père

PAR

YANN SCORFF

(Pages d'Enfance)

PARIS

LIBRAIRIE LÉON VANIER, ÉDITEUR

A. MESSEIN, Succr

19, QUAI SAINT-MICHEL, 19

1903

MON PÈRE

YANN SCORFF

—

Mon Père

—

(Pages d'Enfance)

PARIS

LIBRAIRIE LÉON VANIER, ÉDITEUR

A. MESSEIN, Succr

19, QUAI SAINT-MICHEL, 19

—

MCMIII

O mon père, toi à qui l'on
n'a pas su dire — personne —
quelques paroles d'adieu sur
la tombe. Voici ton petit
enfant, qui vient pour te les
dire...

E voudrais, par ces longs jours de juin, loin de l'obsédant piétinement des foules, en ce coin de Bretagne si délicieusement accueillant, où sont nés les miens, rappeler en quelques mots, quoique bien encore embarrassés dans l'enfance, l'image de celui qui fut mon Père. Et cela, avant de me livrer définitivement à la vie, pour en avoir dès aujourd'hui le tracé net et affermi; pour le plaisir aussi de confier un peu à tous, à ceux de mon âge surtout, comme il était bon, comme il était père ! à ceux qui l'on perdu tout jeunes pour leur donner la main ; à ceux qui n'ont point connu le leur, pour les plaindre, pour leur apprendre à aimer.

Mon père ! sans le savoir, je l'adorais, parce qu'en même temps qu'il était mon Père, il était mon camarade et mon plus intime ami. A mesure qu'il allait en âge, on eût dit que son cœur se rajeunissait, il prenait contact avec ma jeunesse ; et quand nous avions fini de jouer, ses propos, pour me mûrir, me revenaient.

De sorte que lorsque je l'ai perdu, ce n'était pas la figure abstraite d'une autorité absente, c'était comme un enfant de mon âge, un de mes camarades de classe et de jeux, avec qui il me semblait que je devais fleurir dans une éternelle enfance, c'était toute ma petite vie d'alors qui, martelée sur son cercueil, venait brutalement de s'écrouler.

Ce sera donc simplement son cœur, depuis sa mort, dès mes seize ans, au cours de ces cinq années passées, graduellement révélé au mien, que je vais essayer de faire revivre pour un instant ici ; mais bien en deçà, bien en deçà, avec le désespoir ainsi, devant sa beauté, de ne jamais l'égaler. Qu'il me pardonne (je me sens encore si près de son tombeau) la lassitude dernière de ma vie, si ma voix, dès l'abord, se fait quelque peu nonchalante devant son cœur gaillard qui n'a jamais su se plaindre.

Pas à pas, à tâtons, de mes mains vacillantes (loin d'y trouver faiblesse, à mesure raffermies), avec la plus grande tendresse qu'il m'ait pu donner, j'irai vers son repos, le soulever un peu dans son sommeil, pour le voir sourire, comme autrefois, chaque matin, à ma première venue : comme aussi le jour de fête où je suis né pour lui.

Et à ma mère alors, sûr de le trouver étincelant d'amour, à ma mère qui, par sa seule présence, chaque jour m'a fortifié, j'irai porter ces lignes, pour éclaircir ses yeux. Oh ! bien en secret, bien en secret, — de peur de la faire pleurer.

Et je vais aborder son image en tremblant.

Kervor, juin 1901.

I

« Nous sommes regardés, dans l'âpre nuit du sort,
Par des yeux qui se sont étoilés dans la mort. »

V. H.

RENDS une heure dans ta vie, pour aller par là-bas, dresser une petite croix. Une humble croix de bois, qui verdit dans la terre.

Souviens toi !

Pour que ton fils vienne la replanter quelqu'autre jour,
pour toi.

. . . .

...Oh ! lé fils qui va s'approcher du Père,
Et le juger !

Deux ans peut-être après sa mort, à Paris,
j'étais un soir accoudé à la croisée, l'attention
éparse dans la rumeur de la grande ville qui
alors battait son plein. Et ces mots inconscients
m'arrivèrent :

Je voudrais faire un livre sur mon Père...

Je me revois encore un autre soir, après la classe, comme je rentrais, perdu dans l'ennui, quelconque : c'était sa robe pourpre de magistrat découverte, soigneusement gardée dans le fond d'un tiroir.

Et mon front alors courbé vers elle... avec l'idée d'un baiser.

Mais voici une mince feuille de papier jaunie, si souvent retournée entre mes heures d'études. Ce sont ses notes de classe soigneusement conservées, datant de l'humble école de son village. Marqué presque partout premier, travailleur, diligent.

Cette petite feuille de son enfance ! c'est là presque, où il a commencé à vivre, — où j'ai puis-je dire, commencé à espérer ! — dans ces plis vieillis qui me disent toute sa volonté d'avoir voulu percer :

Tout amour est création, toute création est lutte !

« ...De cet homme de bien. » Ceci est la fin d'une lettre à ma mère écrite pour notre deuil. Un feu d'hiver, au coin de ma cheminée en éclairait les lignes.

Heure consolatrice !

Avoir tout un passé de labeur, de loyauté à faire briller aux yeux des autres avec fierté.

Une nuit, je me souviens, j'avais été passer mes examens en notre ancienne ville de province. Faute de place, j'avais été loger chez un oncle, partageant le même lit.

Tout à coup, au petit jour, je sursautais, réveillé, avec un grand cri, devant cette tête barbue sur l'oreiller.

...Peut-être était-ce le souvenir d'autres traits que j'avais vus une nuit, couchés dans l'immobilité.

Oh ! comme il me tient au cœur, — quand je le croyais dans un lointain déjà ; comme s'il était là, toujours là, moi dans ses bras... de mes larmes d'enfant.

...Journée dernière où il était là, des larmes dans les yeux, étendu sur ce qui quelques heures plus tard — m'en doutais-je, grand Dieu — devait être son lit de mort.

« Je vais bientôt mourir, me disait-il ; je ne voudrais pas te quitter avant de t'avoir vu passer tes fins d'études. »

Je ne disais rien, me promenant dans la pièce. Ne voulant lui laisser voir mon émotion, j'étais allé me regarder dans la glace.

C'est le dernier moment que *je le vis*. Il est mort dans la nuit, sans avoir eu, en cet ultime instant, pour se pencher sur lui, mon regard d'enfant.

Dire qu'il a pu mourir ainsi, loin des siens amis, pour lesquels il avait vécu sa vie, sans recevoir d'eux le baiser d'adieu !

Qu'ai-je rêvé cette nuit ? Il me semblait que j'étais revenu dans notre vieille maison de province, (aussitôt quittée après sa mort) d'un très long voyage en pays lointain.

Mon père se tenait à l'entrée. Comme autrefois, il me serrait dans ses bras, à la joie tout entier de m'avoir retrouvé, après une absence si longue : « Vois, comme toujours il m'aime », disait-il à ma mère qui était auprès.

Et il me serrait si fort, si fort, que je me réveillai en sursaut.

Alors, me torturant dans la nuit, devant la réalité, subitement apparue (lit de mort ensanglanté), alors la pensée que jamais, jamais, depuis, il ne m'était venu à l'esprit de lui parler : comme s'il ne pouvait plus m'entendre — irrévocablement délaissé d'ici-bas. Et c'était lui parler, à genoux presque, accoudé sur mon lit, que je voulais ; essayer comme dans ma première enfance de ce qu'on nomme : prière. Et rien. Rien. Que de plus en plus l'inanité de tout cela ; avec seul au cerveau, le vide affreux du lucide. Oh! la prière aux morts! Invocation dans le néant ! Nous oublions avec une sérénité d'indifférence superbe nos morts les plus sacrés. Concevant aisément pour eux la disparition sans retour. Et nous, sommes à espérer d'indéfinis séjours.

Ce qui me peinait davantage, je me le rappelle, au moment de sa mort, c'était de me dire que j'allais sans doute bientôt l'oublier dans tous les troubles de cette longue vie d'homme, qui seulement aujourd'hui commence.

Et maintenant que je m'efforce, — mais en vain — de ranimer les heures de cette vie passée, il me semble qu'avec ce souvenir qui s'en va, passa comme tout s'en va un peu de moi-même. Que je m'en viens de faire un pas vers les derniers oublis. Que je m'appesantis quelque peu, vers la terre.

C'est toi ; c'est toi qui l'a tué. — Mots à haute voix prononcés, qui, l'autre matin, brusquement, me jetèrent au réveil !

C'est toi qui l'a tué ! Souvenir sans doute de sa trop grande tendresse ; de mes fautes envers lui. Comme il plaisantait, je me jouais avec lui. Cela, sans me rendre compte de son malaise ; quelquefois même jusqu'à le faire souffrir. Oh ! pour me distraire, rire et l'amuser en même temps. Avec mon étonnement aussi de le voir parfois inerte ; voulant l'attirer au dehors, comme un jour de cet automme qu'il faisait du soleil :

«... Mais je ne peux pas ; je ne peux pas, mon petit ! »

— Et dire que tout cela est à jamais fini ! Alors qu'on voudrait le voir revenir, rien qu'un instant encore, pour lui donner tout ce qu'on peut trouver de tendre, au meilleur de son être, et lui demander pardon.

— Faut-il le revoir encore sur son déclin ! tel
que sur une photographie que voilà : affaissé, le
regard embrouillé, dans la nuit...

Ceux à qui l'on cache tout ! Si j'avais su alors !
Oh ! non, que je ne le revois jamais ainsi ! —
Mais tel que bien là sur son portrait d'avocat
triomphant : oh ! il est beau, il est beau.

Il est beau.

Nuits. Les longues nuits où il ne dort pas. Multiples pensées ; rumeurs confuses de sa vie d'avocat ; inertie de la journée douloureusement repassée. Rappels inattendus, (peut-être) vers sa jeunesse. Puis, l'avenir qu'on voit de plus en plus inévitablement sombrer, sous les nerfs affaissés.

Et toujours là, dans la chambre d'à côté : ses petits enfants tranquillement endormis dans leur lit.

« Tu vois, sa mère, ce que tu en as fait, avec
ses idées religieuses, » disait un soir un de mes
oncles à ma grand'mère.

« Que veux-tu, répondit-elle, puisque son mari
s'en contente.

... Oh ! ne dites jamais du mal des parents devant les enfants : fussent-ils les plus enfants.
Cela semble passer sur leur tête, vaguement.
Mais plus tard, il vient un jour, longtemps après,
où ils se réveillent de l'âpreté de leur nuit, avec
des mots exaspérés et odieux — de toute leur
rancune irraisonnée d'enfant.

Oh ! ils m'ont bien compris. Depuis le
soir, (le lendemain du malheur), où avec sa
fille, un soi-disant parent étant venu à la nouvelle, s'installer lourdement dans notre cercle
en deuil, ne voulant en partir ; depuis le soir,
où celle-là de mes tantes, devant mon insis-
tance à vouloir soutenir, plutôt que le silence,

cette conversation mortelle : « Mais qu'a donc Jann, ce soir, dit-elle? Il n'a jamais tant parlé. *Eh! c'est la jeune fille qui le fait tant causer!*

— Et bien d'autres, bien d'autres choses encore. Pour cela, j'ai une mémoire d'enfant qui voit mieux que le présent. Je sais ceux qui, à cette heure même, m'ont rudoyé ; ceux qui m'ont aimé...

Il peut être onze heures de la nuit. Je suis dans ma chambre, encore à travailler. Il me semble entendre des pas sur le palier.

Mes bonnes se pressent sans rien dire. L'une d'elles porte une bassine d'eau. Je la suis dans la chambre de mon père.

Mon père est sur son lit, les yeux fermés. Beaucoup de sang coule sur sa poitrine. A la lueur d'une chandelle, les bonnes étanchent le sang.

Aucune parole, ou vite jetée. Ma mère, ma sœur, vaguement dans l'ombre alentour, Les bonnes étanchent le sang.

On va, on vient. Mais pourquoi tout ce bruit ? Mon père est un peu souffrant, je le sais, mais ce n'est qu'un accident de la nuit. Pourquoi s'agiter ainsi ?

— Et je restais là, immobile, sans rien comprendre. Le sang affluait toujours. Très confusément, je me demandais d'où il pouvait venir ; je m'imaginais une blessure au côté...

Alors, je vis que c'était de la bouche, qui suivait les spasmes saccadés du sang. Les yeux restaient clos toujours ; mon père semblait un peu las. Il est évanoui, pensais-je, ou il continue son somme.

Durant le dîner, quoique assez triste, il nous avait causé si tendrement... que je ne croyais pas qu'il allait nous quitter. — Et il me venait, étrange, comme l'idée d'un empoisonnement quelconque.

Et je restais là, dans une indifférence hébétée. Tandis que ma sœur prononçait cette phrase qui me blessa sans savoir au juste pourquoi, pourquoi : « Ah je savais bien que cela arriverait un jour ! »

Ma mère alors, ainsi surprise dans son sommeil, blanche ; ma mère qui se dressa devant moi ; ma mère me tirant, me pressant, me traînant par les mains, criant d'aller au médecin. Ses bras joints au-dessus de la tête, trouvant que je mettais trop de lenteur à m'apprêter. « Dire qu'il veut encore mettre ses bottines ! »

Et c'est la course alors à travers les rues, allant chez les uns, allant chez les autres, ne les trouvant pas. Avec seulement un vide inquiet, m'étonnant de me trouver si quelconque, si insensible ; allant, allant, comme pour une course très préssée.

— Puis c'est la rentrée. Les médecins qui sont là. Le diagnostic. Et toute ma douleur en m'apercevant enfin que celui que je croyais toujours mon père, paisiblement endormi, déjà depuis longtemps était devenu un mort.

— J'écris ces lignes avec le même poids au front qu'il y a cinq ans passés, parce que, las, je viens d'entendre trop de vacarme et de bruit. Cinq ans : parce que je commence seulement à voir clair dans mon chagrin ; parce que je suis resté jusqu'ici l'enfant que j'étais alors, pour, chaque soir, comme à son heure dernière, pouvoir l'embrasser sur son front de mort de mon baiser d'enfant.

Oh ! tous, vous, mes amis ! N'ayez jamais du sang devant les yeux, quand vous allez vous mettre en route, pour marcher la tête baissée. N'ayez jamais devant les yeux du sang, quand va se lever pour vous le soleil des jeunes ans. Pour vous arrêter encore à la gorge les éclatées des rires fous.

N'ayez jamais de sang devant les yeux, tendrement recueillis, le sang de votre père mort, pour le voir maculer dans l'impiété d'autrui, le mener dans les festins et les fêtes : voir les autres, en cercle autour, ricaner.

O mon ami !

Si jamais tu as un fils. Quelqu'enfant malade de la vie.

Tâche ; oh rappelle-toi ton enfance. Souviens-toi ! Et sois bon et saint.

— Paroles d'hier. Paroles d'aujourd'hui.

Du cœur aux lèvres montées : les mêmes peut-être qu'autrefois dans sa jeunesse il avait entendues, lorsqu'au devant de lui, orphelin misérable, il voyait s'ébaucher l'avenir...

II

La vie, avec ses feux, ses joies, ses harmonies,
N'est qu'une éclosion immense d'agonies.

V. H.

2*

L A vie, je commence seulement à l'apercevoir en pleine lumière crue, à hau_
teur d'homme, à la voir de si près, bien défi-
gurée.

Tendresses saintes, amitiés pures d'antan, à
mettre au rancart tout cela, avec mes boucles
blondes et mes souliers d'enfant.

... Je m'ai là, sur mon portrait de classe, de
huitième, parmi les autres, avec mon grand col
plat ; l'air très placide, le regard de ma mère...
Petit gamin, à la figure candide, si tu avais pu savoir ce qui t'attendait plus tard, tout ce que tu

allais bientôt ressentir devant tout l'ignoble et l'abject de ce monde !

Oh ! les jours où j'allais en classe, mon petit sac au dos, frimousse au vent, tout empli des caresses des parents.

Ce qui m'effraye, c'est cette innombrable multitude des morts, ce recommencement sans fin, con-
tinuel piétinement de l'humanité, toujours, toujours dans la même impassible nature. Et pour ne
parler que de cette atome de rien qui est moi,
après tant de chagrins et de découragements derniers, voilà que je vais encore ricaner à gorge
chaude, comme si je n'avais rien dans mon
passé, alors que je devrais me recueillir sain-
tement.

Et après de nous ainsi, jusque dans d'inimagi-
nables profondeurs, ce quand même obstiné de
nos descendants, — illassable ressac — à leur tour,
comme les leurs aussi, précipités dans la tombe,
dans l'inconnaissable et la nuit.

Et rien que d'y penser un peu, cela vous décou-
ragerait de tout s'il n'y avait justement en nous
ce dont ce mouvement procède, l'amour pour nos

semblables d'ici, non point vague effluve de
« larves grouillant en route vers la mort »
sens premier de la pitié ; de la piété, haut
et stoïquement comprise, idéal vivifiant et vivant.

Le monde vit de crimes
heureux.

En gare, un pâle soleil s'en va. Voyageurs et marchandises attendent le convoi.

Sur une brouette, dans des treillis d'osier, de petits moutons immaculés de blanc. Tous, très sages, ils sont là, s'animant à vos pas ; de leurs yeux d'amandes, à travers les barreaux vous regardant très drôlement.

On passe, parmi la foule affairée. On passe, se reprochant des surprises de sensiblerie puérile : il le faut bien, eux, qu'ils meurent. Il y en a tant eu aussi, de ces bestioles, depuis le monde créé, tant à venir encore, aujourd'hui et demain pour avoir la tête tranchée.

On passe, et rien sous ces mignonnes têt

d'agnelets, demain toutes maculées d'ordure. Rien sous leurs cornes naissantes, que leurs yeux étonnés à la lumière de la vie, avec des inclinaisons de tête parfois, très douces vers nous.

Et l'on passe. On passe. « A quoi bon, puisqu'ils vont mourir. » Et rien de doute dans leurs regards confiants, pas même un soupçon à jeter en passant, pauvres bêtes confiantes, devant notre beau dédain de *brutes*.

—Idem. Humanité.

« Cet *auparavant* de la vie, plus mystérieux que la mort même. »

Minuscule boîte oblongue, blanche ; de petits
enfants, de chaque côté avec des rubans blancs,
de ci, de là, la trimbalent dans le village, comme
la carcasse d'un vieux jouet *foncé* ? Derrière toute
une marmaille en ribambelle, sabotant, marmot-
tant, regardant ailleurs.

Et c'est un des leurs qu'ils vont porter là, par
les ruelles, au milieu du soleil...

. . . .

. . . .

« Oh ! qui dira pourquoi il y a sur terre des soirs
de printemps, et de si jolis yeux à regarder, et des
sourires de jeunes filles, et toutes ces bouffées de
parfum que le ciel vous envoie, et tout cet enjô-
lement délicieux de la vie ! Puisqu'il y en a tant
d'autres, de regards fermés, qui ne se sont ouverts,
qui ne s'ouvriront jamais. »

3

Il la courtisait, beaucoup, votre père.

C'est une vieille parente de la campagne qui me disait cela, parlant d'une jeune fille des environs.

« ... Elle était jolie : dans les temps... »

Nous marchions à travers champs. La vie alors m'apparaissait tout autre. Il m'avait toujours semblé que mon père n'eut dù avoir d'autre regard que pour celle qui est ma mère.

Est-ce que, dans la première connaissance d'amour, l'homme ne devrait pas trouver la Paternité ?

« La vie est une joie où le meurtre fourmille. »

Elle était très riche, une jeune dame de mes amies. « Et des frères et des sœurs, vous n'en avez pas eus ? »

— Quatre ou cinq, mais ils sont morts. — Et avec un sourire, presqu'une fierté de pouvoir, ainsi, libre, se pavaner dans son monde, unique à désirer : « Cela fait que je suis seule maintenant. »

Et à son petit air pincé, je m'étonnais de ne pas voir ses deux mains à la jupe, pour une révérence, en éventail.

Oh ! tous ceux, des petits, dont j'ai entendu dire qu'ils sont morts ! « Ils ont tourné. »

Que ce soit une montagne, un géant qui s'écroule, on va en parler des tas. Mais des mioches qui mangent des brioches !

Continuo auditæ voces vagitus et ingens
Infantum animæ flentes in limine primo
Quos dulcis vitæ exsortes et ab ubere raptos
Abstulit atra dies et funere mersit acerbo.

Aujourd'hui dimanche. Après-midi claire de printemps. Me voici au Jardin des Plantes. Le vieux bâtiment d'anatomie comparée.

De suite, en entrant, cette odeur de lieux renfermés ou funèbres; l'oppression d'être entré dans le voisinage de la mort.

Elle est là-haut, m'a-t-on dit, la pièce; par là, celle-ci sans doute, placardée de vitrines : collections multiples, alignements de bocaux, choses informes aux contours de cauchemar : embryons humains.

... Beaucoup de gens — foule des dimanches — qui regardent, passent, regardent comme de-

vant quelque chose d'étranger à quoi l'on ne
pense jamais.

« Mais c'est là vraiment de la réalité ! » Tout
est là, étonnements inertes, dégoûts, haut-le-cœur
cet « ignoble », réflexions de gavroche, obscènes ;
enfants qui s'appellent pour se montrer du doigt,
joyeux, les « poupées ».

Une femme passe, rapide ; et son visage se rem-
brunit comme d'un voile de deuil.

Oh ! mais, ici... Dans son manchon de verre,
les yeux tout grands, une pâle tête enfantine, presque encore la vie. De petits cheveux recouvrent
le haut du front, où flotte un semblant de résille.
« Il avait de beaux yeux tout de même ! » pro-
nonce une femme à mon côté.

Et la foule passe, repasse, se renouvelant sans
cesse, clabaudant, avançant, reculant comme devant son fantôme, hébétée.

— Sur le large du ciel tout bleu, les fenêtres
grandes ouvertes apportent les souffles du Printemps ; dans les allées, c'est le bourdonnement,
l'enchantement continu de la vie, gamins qui
s'ébattent, couples promenant leurs nichées. Par
dessus tout cela, enivrante, arrivant par bouf-

fées, l'odeur des premiers blancs lilas en fleurs.

... Et derrière, alors en me retournant là, toujours là, dans cette obscure pièce où piétine le monde, toujours là : ces yeux, ces grands yeux élargis d'enfant, si tristement aux miens, figés dans la perpétuelle mort.

Oh ! le hasard de ne pas naître, ce néant, toute cette nuit, toutes ces nuits fourmillant alentour ! N'avoir jamais vécu est une chose sombre dont la pensée seule échappe à nos prises, éperdue.

J'écris ces choses, parce qu'ayant jusqu'ici vécu, sauf quelques éclaircies, dans une inconsciente pénombre, je me sens comme tout près d'eux encore. Jamais mes yeux, bientôt voilés par l'habitude, aveuglés par la joie, ne se sentiront ainsi chanceler devant ces milliers et milliers de vies à peine apparues, vieux et vieilles au premier pas abîmés, éternités en vue, sitôt sinistrées.

« On peut dire que le possible
s'achemine vers l'existence ou s'en
écarte, et se meut avant d'exis-
ter.. »

... Ce soir, ciel sombre.

De gros nuages traînent silencieusement leurs crêpes noirs dans le vide. Quelques étoiles étonnamment brillantes, comme de fixes lueurs de cierge : on dirait une veillée funèbre, comme le soir où mourut mon père...

Petit à petit, avançant dans la nuit, des questions qui devant moi se dressèrent de l'imprécis. Irrésolution sur des choses jusque-là insoupçonnées. Sang, qui aurait pu se dédoubler en d'autres multiples êtres, mes frères à l'infini. Vertige devant cet insondable subitement dévoilé sous mes pas.

Puis comme un indéfinissable malaise à vouloir entrer ainsi si profondément dans la vie, comme une colère sourde contre moi-même de l'avoir osé regarder face à face au tombeau — presque de l'avoir osé profaner.

« Le monde vit de crimes heureux. »

Ils avaient pris au piège une pauvre créature
des champs qui se débattait contre elle.

Non contents de leur joie, en dessous d'elle,
ils mirent l'allumette. Et la pauvre brûlait, avec
de la fumée et des crépitements d'ailes.

Oh tuez-la, tuez-la, mais ne martyrisez sa tête.
Tuez-la. La voilà qui s'abat, la fumée s'éclaircit...

Oh ! si, pauvres créatures, cervelles inconnues,
qui pourraient de mon âme s'élever à l'horizon.
Si dans vos barreaux obscurs vous n'êtes pas
assez fortes pour vous soutenir encore, oh restez
ensevelis au calme de l'oubli.

Ils emportaient la bête. Et c'étaient des
vieillards.

Mais sont-ils vraiment absents, tous ces êtres ?

« *Regardons de plus près, nous dit la philosophie moderne.*

Ils sont là, en nous-mêmes : nous accompagnant partout, se mêlant partout...

Et quand tous les êtres avortés, demeurés ici-bas à l'état latent de germe, prendront corps à la renaissance finale, ils porteront les empreintes reçues au cours de leurs périgrinations sourdes dans nos rangs.

A part l'empreinte qu'ils auront gardée de leur moi primitif, ils ne différeront en rien de nous. Ainsi, tandis que notre côté, nous ne croyons vivre que pour nous :

Nous façonnons pour le monde futur toute une humanité : os de nos os, chair de notre chair, image de ce que nous sommes à toute époque et en tous lieux, d'autres nous-mêmes en un mot, multipliés en nombre incalculable... Subissant passive-

ment les influences du dehors pendant leur invisible traversée de ce monde.

... Au grand réveil les avortons se trouveront — par le fait de la solidarité — dans l'état qu'ils auront acquis en dormant, pendant que l'acte terrestre de la grande tragédie était joué par un petit nombre de personnages: leurs bien fondés de pouvoir par la voie de la solidarité ! »

O musique des mille et une nuits !

— Imbécile, toi qui veux te conduire autrement que les autres semblables.

Ecrire. Ecrire ! pour y changer quoi : forfanterie d'un naïf ou d'un cabotin comme moi.

Oh, retourne vers l'ombre de son marbre.

Soulève le crible de son voile :

Les plus sages sont ceux qui n'ont jamais rien dit !

Mon petit burnous !

Ma mère vient de me l'apporter là, sur la table,
d'une vieille malle qui a beaucoup voyagé et qui
renferme beaucoup de choses du passé. Etant un
peu malade, on a décidé que j'irais passer quelque temps à la campagne, au pays de mon père ;
et ma mère l'a trouvé sans doute au hasard de
ses préparatifs

Mon petit burnous, on me l'avait déjà montré
plusieurs fois. Je m'y intéressais toujours beaucoup à cette relique de mon enfance, souvenir
d'Algérie où j'ai vu la vie ; le premier jour que je
le vis je m'étais amusé à me le passer autour du
cou ; cela me faisait plus qu'un foulard flottant,

au ras des épaules. Et je me mirais alors en riant,
dans la glace.

Je pensais tout à l'heure à ce que j'allais bien
faire aujourd'hui, ressasser le quotidien insipide,
et voilà que cette chose de mon enfance m'ap-
porte avec sa venue un peu de blanc dans l'âme.

Elle est très gentille ma petite robe, en son
tissu sec et vaporeux ; de petits glands de soie
pendent en grappes, deux, trois, quatre, sur le
côté du capuchon, sur le devant brodé du col.
Du tout s'exhale un léger parfum, mélange de
camphre et d'arabe.

Tous les deux, ma mère et moi, nous l'exami-
nons en tous sens, le palpons en silence et lentement, comme quelque chose qui dort depuis
longtemps de son léger sommeil, et qu'il ne faut
pas réveiller avant de remettre au repos.

Ma mère le regarde au jour. Une piqûre d'in-
secte ! « Depuis bientôt vingt ans qu'on le garde
aussi ! » — Et on va le replier maintenant : « Con-
serve-le bien toujours, lui dis-je, mets-le bien de
côté. »

Petit burnous, burnous de mes premiers ans, que je l'aime et que je veux le garder ! Il me reporte en rêve à ce coin d'Afrique où je suis né, à ces lieux à un an quittés, dont tout petit, sans doute, dans les premiers temps, j'ai eu de vagues lueurs de rappel, mais que ma mémoire a depuis longtemps perdus, et ne retrouvera certainement jamais.

Mon petit burnous, c'est avec lui que j'ai essayé mes premiers pas, mes premiers sourires, mes premières prières. Et tout cela s'est bientôt perdu dans l'inévitable oubli ; qui me dira ce que j'ai bien pu penser là-dessous, dans mes intuitions furtives de cervelle d'enfant ?

Petit burnous, comme on a dû le chérir, comme on a dû le bercer ! ma mère était toute jeune alors, et mon père plein de vie... Petit burnous, comme on a dû le chérir, comme on a dû le bercer.

Finie, ensevelie dans le passé toute cette vie d'enfant que des regards chéris avaient vue, protégée et bénie de leurs larmes d'anxiété et de joie.

Toujours cette poussée de vie qui ne vous permet de vous arrêter pour regarder la route parcourue, et le néant où nous sommes à tomber.

Petit burnous, petit burnous de tout au loin de là-bas...

III

« Le progrès vers la conscience
est la loi la plus générale du
monde. »

NNUI, torpeur assommée des jours.

Ce matin, réveillé en prononçant ces mots : « Et vivre, vivre, vivre. »

Oh le quitter pour un temps ce Paris qui m'ennuie au possible. Aller refaire à la mer et mes forces et mon sang : dans cette Bretagne que je n'ai vue que tout petit et que j'ai toujours désiré revoir, dans cette Bretagne où il est né !

En route, en route loin de cet énervement. En route avec le train qui marche à toute haleine dans ce pays que hante depuis si longtemps mon rêve ; vers cette terre de calvaires, de sépulcres et d'amour.

... Brise qui par les portières ranime nos fronts las. La campagne par les vitres, s'échappe en horizons.

... Chaumines, chaumines... Petits toits si bas.

Oh savoir y rester fixé au sol de ses aïeux, ou savoir y retourner un soir de son ennui.

Village de mes Pères, enseveli dans l'oubli. Gens de sa race; trous de terre. Herbe qui verdoie.

Où sont dans leurs yeux l'image de sa vue ?

Où sont dans leurs pas l'empreinte de sa trace ?

— Pour vous célébrer, hélas ! Nous n'avons qu'une poésie des villes, toute asséchée d'angoisse, et nos yeux plus froids.

Mais toujours, ô mon Père, subsiste ta flamme

ardente, qui sur le sol des landes brûle inces-
samment.

. . . .

Toi ! un matin de là-bas si allégrement parti.
Pour y revenir un soir, — fantôme — avec ton
fils te choyant dans ses bras...

KERVOR !

Le nom béni résonne à mes oreilles.

Kervor. Mon cousin que voilà. Ah ! l'accolade de ta barbe qui pique. Ta poignée de main bourrue sur mes doigts amaigris. Oh ! ta vigueur de granit sur mon pauvre sternum.

Les voilà, les ombrages, les coteaux si long-temps délaissés.

Tout là-bas, entre les arbres, l'humble toit de chaume où il est né.

Il me semble que je viens de les quitter, il y a une heure à peine, ces lieux. Et pourtant, les voilà tout rétrécis de moitié, comme vus à travers cent ans écoulés, avec le poids de ces heures amoncelées, passées.

— Quand tu seras grand, tu nous oublieras ! me disait un jour ma cousine, au rebord de la ferme.

Eh bien non, nous y voilà :

O mon Père, né dans les étables. Toi qui m'élevas, dans tes bras forts, au niveau de la vie, ivre de joie ; comme un joyau d'or au hasard trouvé parmi les pailles.

Enfin, le vieux portail. Le chien tire sur sa chaîne. Et sur le faîte roucoulent les palombes.

— Ma cousine : « La grande corneille » comme l'appelait mon père. Ses bras longs à mon cou. Et de deux sur les joues. « O mon petit Yann, comme il y avait longtemps ! »

Eh bien, mais vous, vieille tante qui dans ce coin reposez vos membres assoupis, que viennent me dire vos grands yeux étonnés ?... Bonne tante, qui le soignâtes seule dans son orphelinage, rappelez vos souvenirs sous votre chef qui branle.

Oh ! sur sa tête chère, posez vos mains tremblantes.

« Par où sont ces paysans-là ? »

Ainsi, le jour de notre deuil, réclamait-on votre présence.

... Pauvres paysans, mes aïeux, s'ils ne s'étaient

unis pour former un idéal d'où est sorti mon père ! Oh rappelons-nous !

C'est du fond du terroir que jaillissent nos gloires. C'est celui le plus haut qui plus sait descendre. N'ayons pas peur de ternir à nos vêtements de cendre. Mais traçons-là nos doigts avec un front d'envie, pour y relever la fierté qu'ils y ont laissée.

O mes morts, jonchées par la lande en fleurs, respirons vos mémoires. O vous qui vous perdez dans l'ombre, par les actes desquels ce sol s'est fécondé, anxieusement vous penchant parmi nous pour voir votre destin, o morts, donnez-nous vos doigts amaigris, semblant implorer vos lendemains.

O morts, priez pour les vivants.

Claire matinée de juin, toute bleutée d'azur. Le soleil s'étale et plane sur les horizons calmes. Dans le lointain sans cesse s'agite un tremblement de sonnettes, qui vous clochette dans l'âme son argentine musette.

Je m'en vais sur les routes, sans but, aspirant l'air pur.

Soudain, il me semble que je m'en viens de pénétrer dans le reculé des temps, en un apaisement lointain. Bretons en charretées, découpés comme dans le bois, se rendant à la foire. — Ancien monde. Temps antédiluviens.

De robustes campagnards ; le costume du pays. Ils s'inclinent à mon passage. L'ombre de mon père me salue dans leurs gestes.

Ce chemin-là, c'est celui, je crois, qu'un jour, avec mon père, nous avons pris pour voir un de ses vieux amis, toujours là-bas resté dans son village. Je les vois à présent encore causant, ne tarissant pas, s'étant tout jeunes quittés, pour chacun aller de leur bord — avec le temps et leurs vies qui avaient fait leurs têtes si différentes.

Et moi je m'amusais avec les jeunes bambins de l'autre, petits paysans au chapeau rond, couleurs fraîches, et dents rieuses : Moi, si je n'avais jamais quitté les champs, toujours coiffé d'un chapeau à rubans de velours, pour offrir toute ma vie, ma face aux vents, avec l'insouciance et la gaieté des enfants flottant dans mes rubans.

Vraiment cette soirée m'est toujours restée exquise de fraîcheur dans l'âme, comme le soleil de ce jour-là qui se jouait sur nos joues d'enfants. Et lui, quelles pensées pouvait-il avoir, mon père, en repassant au contact de l'autre son existence passée. Pourquoi n'être pas resté aussi chez lui : à quoi cela lui avait-il servi ? Beaucoup moins de force et de santé, un peu plus de lassitude dans la suite et d'amertume aux lèvres.

— Je retrouve les libellulles, les grands papillons jaunes de mon enfance...

— Une noce, une petite noce passe, les gens deux par deux, presqu'au pas, violons en tête, sur un petit air accéléré, en avant deux.

Moi aussi, j'aimerais à me marier un de ces jours comme cela, avec le costume du pays, une Bretonne toute simple à mon bras, avec un petit son de violon sautillant, sur l'air : « Margot s'en va-t-aux champs. »

Solitude.

Oh ! quel calme dans cet air où lentement s'élèvent les vapeurs du soir. Quel calme dans ces champs qui s'apaisent dans les mille et mille indéfinissables bruits du soleil déclinant.

... Peut-être aurais-je été plus heureux, naître en simple comme était né mon père ; et mourir comme il est né !

... Un père mort, c'est, glorieux, prodige.
De l'ombre par laquelle on se sent soutenir.

(V. H.).

De mon père, avec ma mère, nous n'en parlons
jamais. C'est quelque chose que nous n'osons
approcher ; quoique voilà un certain temps déjà,
il n'y a pas assez longtemps encore ; en défaisant
ses langes de mort, on a peur dans la voix...

Mais plus tard, oh ! bien plus tard encore, je
me plais à l'espérer, quand l'apaisement en nous
sera fait, peu à peu, tous les deux, avec moins
d'angoisse, nous nous confierons ce que nous
avons dans l'âme ; et comme au premier jour,
l'ayant conservé intact, avec des pleurs attendris,
nous ferons revivre son souvenir béni.

Mais, qu'il y a loin de cela ! Moi, qui depuis

la mort de mon père, m'étais bien promis de ne jamais lui causer un tourment, que ne lui en ai-je, pauvre mère, déjà donnés ! Ce matin encore, quand je lui répétais, sachant lui faire de la peine, que je ne voulais y remettre les pieds de sitôt, dans ce Paris où elle allait rentrer ; et ensuite, au repas, la conversation pénible, entre-coupée, elle, comme en faute, essuyant ses yeux...

Et voilà, me rappelant cette matinée passée, que je sens, comme dans mon enfance, ma poitrine se désoppresser soudain, avec seulement, avec l'âge, les larmes qui viennent de moins en moins.

Pauvre mère, qu'elle souffre et qu'elle a dû souffrir ! Que pourrais-je pour lui rendre un peu cœur, si ce n'est d'être toujours bon pour elle, d'aimer la vie qu'elle m'a donnée ; et, à chaque instant, dans son fils tant aimé, lui rappeler mon père évanoui.

Et maintenant, malgré une légère pluie tombante, tous les deux, nous allons au vent du dehors faire sécher ses larmes ; tout autres, très doucement confiants l'un en l'autre, nous parlant

peut-être comme nous ne l'avons jamais fait, moi
à son bras lui faisant mille promesses d'un tranquille avenir.

Mais elle, devant ce coin de nature désolé et
perdu, à la pensée que je veux rester ici pour un
très long temps encore, ne sent que de plus en
plus son cœur se serrer violemment : « Que veux-
tu, peut-être est-ce vrai, ce que tu dis là. Mais je
ne peux pas me dire ces choses-là, moi ! ». Et
alors ce sont les larmes, les larmes, les bienheu-
reuses larmes ; toutes les larmes de son corps.

Le temps empire. Nous entrons dans l'église.
Et ma mère, à deux genoux, prie les prières que
de tout temps, depuis son enfance on lui a en-
seignées à prier.

O petite maman, prie ! Il viendra pour toi, le
jour où on te le rendra le bonheur, de si longtemps perdu. Seulement, il est là derrière, celui
qui, peut-être, pourra te le donner, ô petite maman très chère.

Prie. Il t'entendra enfin, je te le jure ; et sur
ces traits assombris, très doucement, il viendra
mettre une auréole de lumière et de vie.

Oh ! prie, maman, ma petite mère très chère ;
mets-lui des cierges, pour ton fils, pour mon
père parti. Prie, une pitié, à la fin, descendra
sur toi ; et il viendra encore une fois te serrer
dans ses bras.

Et reviens ainsi souvent, aux heures de recueillement, le soir. Jusqu'au temps, pauvre
petite mère, de croire, à l'heure dernière, sous
les blancs voiles (comme au temps de ta communion première) quand je clorai tes beaux
yeux, fidèle à ton souvenir, dans les miens, pour
toujours le revoir.

... Prie ; prie bien, toujours prie.

« *A la soupe, le diable est cuit ?* »

Mon cousin s'avance et nous appelle.

Ces heureux repas que nous avons fait là, avec mon père ! La dernière fois, au dessert, il nous avait fait faire, par dessus nos assiettes, la chaîne avec les mains. Tous alors, nous frappions de nos doigts encerclés sur la table, tout en scandant, joyeux : « La famille Scorff a bien dé... a bien dé-jeu-né ! » mon père, avec cette allégresse des vaillants dans la lutte, aux têtes couronnées !

O pères, retournons dans vos sangs ! Toujours plus loin, voulant vous dépasser, et sortir de vous-mêmes, qu'avons-nous trouvé, pôles glacées... Oh ! savoir s'arrêter, et revenir, affamés, s'attabler au milieu de ceux que dans notre course insensée nous avions laissés.

Nos pères sont morts.

La feuille s'imprime en détruisant la pierre. Allez vers les chaumières qui sur votre mur d'ennui balance leur grand rêve. Vous seuls, dans votre humilité, avez la vérité. Je ne dis point vrai. Cherchez votre lumière. Nos pères sont morts. Oh tout en rayonnant au monde, restez à la chaumière.

Nos pères sont morts. Oh ! relevez les pierres.

N vient de recevoir d'un vieil ami de mon père une photographie de celui-ci que je ne connaissais pas.

Il est là, à l'âge même que j'ai aujourd'hui : vingt ans : vision frappante : ce sont les mêmes traits, la même expression que moi qui le regarde.

Un jour aussi, je l'avais entrevu, mais de quelques années plus âgé. J'étais allé chez des parents qui lui restent au village voisin. C'était peut-être un an après sa mort. Comme toutes les fois que je revenais par là, ce jour-là j'étais heureux, entièrement à la joie des champs. Mais, au départ, feuilletant dans une poussière d'album : un portrait d'homme m'arrêta le regard. La barbe épaisse, le regard songeur, il me semblait, confusément, que ce visage n'était pas un étranger pour moi. Et je cherchais dans les quelques campagnards que je pouvais connaître : « Eh bien, reconnais-tu ton père ! » dit quelqu'un à mon oreille.

Alors, sans plus envie de rien ; il fallait d'ailleurs remonter dans la carriole qui nous avait emmenés. Et derrière, couché dans les foins, parmi les soubresauts, j'entendais mes cousins qui disaient : « Il a trop joué, il a trop joué. »

— Et plus jeune, le revoilà encore qui dans sa misère, vient me tendre la main !

Oh ce parement de velours épuisé à sa veste ; pauvre habit étriqué des dimanches...

Mais il faut écrire ; il faut pouvoir le conserver, ce portrait qu'on m'a seulement prêté.

« Bien que votre lettre ne me soit pas personnellement adressée, permettez-moi cette démarche. Vous me comprendrez quand vous saurez qui je suis, porte le nom même de ce jeune homme dont vous nous communiquez la photographie ; ai aujourd'hui le même âge, vibre du même sang. Yann Scorff cela est aussi mon nom. Oui, je crois ressembler beaucoup, de traits et d'âme, à cet ancien ami de vous qui fut mon père. Et c'est pourquoi, bien que ne vous ayant jamais vu, je viens vous parler comme si je vous connaissais d'une intimité lointaine.

« Vous m'avez beaucoup ému, pourquoi ne point l'avouer? jusqu'aux larmes. Je vous en remercie du plus profond du cœur. C'est *lui*, je puis le dire, qui, comme à votre jeune temps, arrive à vous, vous serrer les deux mains, mais avec le regret de ne vous point connaître, avec la crainte de ne pouvoir assez vous exprimer son amitié, si vite et pour jamais conquise.

« Ce portrait, que pouvez-vous en faire? Vous l'avez là, dans un album, inerte, à qui de temps, en temps vous allez dire un bonjour ami. Mais si vous saviez qu'*il* peut revivre encore, de son jeune pas s'élancer dans la vie et, porté par moi, en moi, tressaillant à ce bien connu contact, il va s'illuminer de son plus beau sourire de renouveau à la vie?...

« Voulez-vous me laisser *mon portrait!*

« Votre ami de vingt ans, toujours jeune et vivant. »

Rivière de sa jeunesse ! Pays de sa naissance !

O rives de l'Ellé qui dort dans les blés, terre de mes aïeux, où tu nous ordonnas, avant ton dernier souffle, d'y laisser ton repos. Comme vous l'avez voulu beau, dans la douce parure dont vous revêtîtes, frêles, ses premiers pas flottant dans la verdure !

O douceur. O tendresse.

L'oiseau qui vient, frêle, plonger son bec à la rosée. O douceur. O tendresse. O mains de mes aïeux posées sur mes deux yeux. La mirliton des merles cascade à travers les branches :

Dans leur chanson rustique, ô mon père, farceur et lunatique, j'entends ta voix des champs, gauloise à tes moments.

Sur le revers d'un livre, n'ai-je point, de ta main, surpris des vers un jour : O rives de l'Ellé si douces à mes baisers. Sifflez, sifflez; notes dans les branches :

Merles, parure de son berceau, de votre rire moqueur — bon sens de mon père qui chante au fond des bois — protégez-moi, protégez-moi dans la folie que m'a léguée notre ère.

O merles, protégez-moi au bord de mon rêve.

Dans ce cimetière, au déclinant soleil...

Des roses, des aubépines en fleur épandent leur fraîche odeur de printemps. De légers souffles ondulent vers les tombes la verdure des plantes, comme pour une caresse d'amour. Et l'on est bien là, dans cet enclos des morts, à l'écart silencieux, à regarder les fleurs.

Aucune idée de mort ni de lugubre deuil, mais une grande douceur nous vient, comme la résignation, à aller ainsi, après avoir rempli sa vie, donner un peu de soi aux fleurs parfumées...

Et je m'en retourne très calme, dans cette fin

de journée, l'âme emplie comme aux meilleurs moments, d'une bonté infinie.

A l'horizon brille la très douce figure de mon père.

...J'aime à me le représenter, orphelin, d'abord parti de rien, avec la gravité de ses yeux confiants, allant étudier dans les champs, à une place que l'on m'a montrée, près d'un ruisseau où frissonnent les saules, — ou bien la nuit, fort tard, dépouillant des livres péniblement achetés, avec pour le soutenir dans le sommeil, les images de son père et de sa mère le regardant gravement dans la mort.

Mon père, il me semble que je le vois définitivement, à cette heure, lorsque lui aussi se sentait grandir et s'accomplir en homme, et dans le recul du passé, s'accroît le vide laissé, la douleur de sa perte, presque le remords de ne l'avoir pas assez aimé.

Puis c'est aussi la consolante impression qu'au moins je l'ai toujours en moi ; c'est un bonheur, une fierté d'être son fils à lui, une volonté irrésistible de marcher à sa suite. De loin, il me semble l'entendre me crier comme jadis, lorsque je *flânochais* : « Travaille ! travaille donc ! »

Et à travers mes larmes, par-dessus son cercueil, je me sens lui sourire dans un profond merci, comme au temps de sa vie.

« Un petit sou, m'sieu, donnez-nous des sous. »
Sabotant, murmurant, la marmaille arrive à mes
devants.

Camarades, enfants, voici pour vos plai-
sirs. Petits enfants de Bretagne, si chers dans
mes yeux, c'est vous, multiples comme vous
l'êtes, qui comblez sans cesse, sans cesse endur-
cissez les routes, alors cimentées sous nos pas,
(vos bras devenus grands) où passera la victoire.

Allez chez les le Gac, m'avait-on dit, il connaissait bien votre père.

C'est le vieux garde champêtre : « Si je me
rappelle de lui, me dit-il, dans son humble logis :
il était trop fondé dans cette maison ; habitant si
près de chez nous ! Quand il revenait par ici,
il remettait sa blouse pour ne pas qu'on l'accusât
de faire son *monsieur.*

« Va, tu ne seras jamais qu'un vacher de ta vie », lui dit un gros bonnet du pays, un jour qu'il passait par mégarde sur une de ses prairies.

« Mais, vous lui *reportez*, vous lui *reportez*, continue le vieux garde.

— Et tout en causant, tandis que les souvenirs petit à petit se précisent, il faut que j'accepte quelque chose, ce que l'on met en réserve pour les occasions rares...

Oh comme ils m'ont chéri, comme ils m'ont aimé.

O cœur de mon père, innombrable et si doux.

Je vois ses semblables aujourd'hui à la messe.
Grands, noueux, leurs grands cols sans cravate...

Est-il possible que, lui, il ait fait partie de ces
hommes-là, que ses mains, dans son enfance se
soient liées aux leurs.

Passif, ils écoutent. Leurs lèvres se remuent.
Alors, de loin, j'entrevois mon père, fuyant ces
homélies, espérant des réalités plus fortes, pensif,
résigné, se dirigeant vers moi...

Voilà l'ancien prêtre de son village à qui je vais
dire bonjour. Ils avaient commencé leurs études
ensemble et je savais leur étroite amitié.

Mais hélas, tout courbé par l'âge, il ne se rappelle rien, tout s'est perdu dans sa tête affaiblie :
« De quoi vous parlait-il, quelles étaient ses
idées ? » Mais rien, rien, qu'un vague sourire à
mes questions pressées :

Il voulait faire quelque chose.

...Amitié de son enfance, couchée sur ses bréviaires, n'ayant point osé regarder la vie, alanguie, balbutiant dans ses cloches...

Et voilà que je viens d'apprendre que mon grand-père, était chantre, à la petite église de Kervor !

A mesure que le soleil devenait moins cuisant,
un à un, avec leurs bâtons, ils s'en venaient respirer la fraîcheur du soir, vers le banc où j'étais
assis, dans le jardin public qui borde la mer. Et
c'était, à chaque nouveau venu, des bonjours de
vieilles et vieilles connaissances.

Ce fut du temps d'abord, alors exceptionnel-
lement chaud, qu'on parla. « Quand j'étais sous
l'Equateur, disait l'un, ou bien dans la Turquie
d'Asie... » Car tous étaient marins, je l'appris
bien vite.

Au loin, l'un après l'autre, je les voyais venir,
tous les mêmes, dans leurs vieux habits. Il fallait
se tasser un peu pour leur faire la place ; et
même je m'aperçus que j'avais pris leur banc.

Devant lui, l'un avait un journal déployé, le
« Petit Journal » leur seule *feuille* de la semaine,
datée du dimanche où nous étions. Il prenait une
petite phrase, un fait divers quelconque, puis
s'arrêtait un temps, et avec force interjonctions,
des oh! oh! marqués, se répandait en digres-
sions sans fin ; tandis que les autres, gravement,
hochaient la tête, venus là en partie sans doute,
pour avoir des nouvelles de ce qui se passait
ailleurs.

Et de ci de là, ils allaient, balançant leurs
phrases, avec des accalmies de silence très douces.
où la pensée flotte dans l'indécis, pour ensuite
lentement reprendre de leur même monotonie de
rythme. Secoués de haut aussi parfois de brusques
éclats éclatant dans l'air.

Et moi, les écoutant, j'avais devant les yeux
mon père, enfant du peuple, comme eux, paysan ;
je le voyais avec moi, les jours qu'il revenait au
pays, se sentant à l'aise, se gaudissant avec les
autres. Et moi aussi ; je me sens paysan jusqu'au
fond des entrailles. J'aime cette belle humeur
qui vous dilate le cœur et vous fait aimer immensément la vie.

Il y en avait un surtout, un grand, qui me le rappelait sans cesse, la voix haute, sentant encore l'intact, le plein du cœur et du tronc ; et je m'imaginais quel homme, celui-là, il eut pu faire, l'instruction aidant, quel homme de limpide et gaillarde pensée, comme la belle eau d'un torrent sauvage !

Ils parlaient de choses très profondes et très simples. De pays inconnus, de ces lointains *comptoirs* qu'ils avaient vu fonder, de l'Arabie heureuse, de l'Arabie même « malheureuse » (?) ; que sais-je encore, d'un des leurs qui venait de donner ses beaux sous au curé pour une belle place dans le ciel après sa mort ; de la religion, de l'origine aussi de ce monde dont ils entrevoyaient bientôt la fin. Tous, le regard au loin, dans l'abîme de leur passé, comme cherchant à se remémorer quelque chose qui, pour moi, me semblait très loin, dans les siècles écoulés, comme au temps des Pharaons ou des Mèdes.

Il y avait bien parfois quelqu'adorable imprécis dans leurs notions, çà et là recoltées, au hasard des vents, ainsi qu'Apollon Ier : roi de Grèce, — mais je me gardais bien de souffler mot — ils étaient si sûrs de ce qu'ils disaient — et il m'en eut coûté d'interrompre le charme.

Ceux-là n'avaient pas pris la peine de philosopher pendant leur vie. Ils avaient vécu ; ils étaient allés tout droit devant eux, sur leur route pavoisée de chansons, sans cesse poussés par le flot montant de leur cœur, sur le miroitement bleu des eaux, où l'on s'embarque au chant du *Veni Creator*, où l'on meurt, dont on revient quelque peu héros.

... Revenir à pas lents, par les beaux soirs d'été, au déclin de sa vie, sur les mêmes bancs, avec de vieux amis qu'on a toujours connus ; en groupe s'asseoir à l'ombre, caressés par la brise de mer qui là-haut chantonne dans les branches ; et là, rappeler ses souvenirs, évoquer les joyeuses images de la vie passée, discuter avec bonhomie sur le monde qu'on a parcouru, sur celui qu'on entrevoit immensément plus bel encore. Puis avec le soleil qui s'en va, s'en retourner au logis. Ainsi tous les jours, jusqu'à l'heure où l'on ne reviendra plus... — Ils me faisaient l'effet vraiment ces vieux, de quelques antiques patriarches allant tout droit, leurs mêmes immuables idées du premier jour au front, tomber de l'autre bord, on ne sait où..

Et je les écoutais toujours, sans rien dire, comme un très petit, admis là, par mégarde, près de leurs vieux genoux. Mais comme à des mille lieues d'eux, obscurément les sentant tout autres, oui *plus intelligents que moi* — inaccessibles peuvent-ils être à autrui, parce qu'ils le sont à eux-mêmes. On eut dit que je venais de respirer de ces brises si pures et si lointaines qui semblent venir de très loin, par dessus les mers, de contrées inconnues. — Et je songeais à toute cette foule de *génies*, épars, çà et là, au large, dans l'inconscience.

« *Vous n'avez pas un sobriquet ?* »

Oh ! toutes ces phrases, de lui, qui me reviennent, lentes, dans l'afflux du passé.

« Vous n'avez pas un sobriquet ? » Ce jour là, encore, tous les deux nous revenions au pays. Nous prenions des chemins détournés que lui seul connaissait. De mes petites jambes, j'enjambais. Il marchait si vite, à peine le suivais.

Par les prairies, nos pas rebondissaient. Il fait mal, mon père, pensais-je, de passer ainsi par des champs défendus.

Mais je le suivais, ardent à sa poursuite, parce que c'était mon père.

Et puis oui, il se perdait. Le premier venu qu'il rencontre près de l'arbre : « Par où donc est le chemin pour... » Et, comme en catimini, avant de perdre ses yeux : « Mais d'où donc êtes-vous, je ne me souviens plus de vous ? »

Non, non, mon père ne se rappelait. La ville

la dessus avait passé. Mon père ne se rappelait.

« Vous n'avez pas un sobriquet, continuait-il encore. Je me disais : est-il enfant mon père, pour s'arrêter ainsi.

Mais soudain sa figure s'éclaircit. J'étais tout étonné. Mon père avait trouvé.

Or, ces jours-ci, après ces ans écoulés, revenant vers sa tombe, j'ai voulu savoir s'il n'avait pas, lui aussi, un de ces noms de village qui sentent le terroir, un de ces noms qui se donnent et qui sont vos vrais noms.

« Le Pompon ». Voilà, je viens de l'apprendre. Aujourd'hui, pour trouver mon chemin, je me mets à le suivre : le Pompon, voilà son sobriquet.

Etait-ce mon père, parce que, hochant la tête ton esprit, rieur, balançait sa pensée au rythme du grand vent ?

— Eh ! non, pardonnez-moi, si je fais des phrases ainsi, en mon illusion creuse. Mon père était plus sérieux, et dans sa démarche hâtive, moins précipité.

Ce Pompon, non, ce n'est pas ce pompon. Il reste par dessus ; ne rayons pas le dessus. Mais c'est ce *Pont pont* qu'il fallait l'épeler. Oh ! j'ai eu bien du mal à le leur tirer.

C'était ma vieille tante, assise au bord de l'âtre. Mais pourquoi, lui demandais-je, l'appelait-on ainsi ? — Je ne sais pas, je ne sais pas : on l'appelait : ce pont, ce pont. — Mais qu'est-ce que cela veut dire : je la regardais... je voulais savoir. Enfin, levant vers le ciel, un bras désespéré :

« Ce pont » c'était sans doute ce pont, vous savez bien, près de sa chaumière... »

C'était le gas du pont, pourquoi n'avoir trouvé plus tôt, le gas de l'Ellé qui traverse ce pont. Près de la petite chaumière qu'arrose le ruisseau, c'était de là, que frais comme un lapin (pardonnez-moi, mon père était badin) tous les jours, mon père, dressant ses oreilles, écoutait tous les bruits, tous les bruits de la plaine.

Puis un jour, grimpant sur une colline pour apercevoir son fils, il courrait, il courrait si vite, que son fils en est là...

Ce Pont-Pont ! oh revenons au Pompon : pompon de mon père, prophète de lumière, chantant dans ton ciel de gloire, ivre de ton pays où rêve le pont d'Arcole !

Du fond des abîmes, les cloches mélancolique-
ment sonnent sur la lande, comme sur une île dé-
serte.

Le cantonnier, méthodiquement cassant, recas-
sant des pierres sur la route.

« C'est-y bien vous, dit-il, le fils au gas...

Oh ! le vertige qui dut te prendre, mon père
dans cette solitude, toi qui partis à pied pour la
grande ville. La pioche qu'on t'avait mise en
mains soudainement rejetée ; l'appétit d'une
vision plus haute, fervente, entraîné vers une
multitude d'où devait s'exhausser ton être, se
trempant à la lutte, au contact d'hommes,
d'hommes, d'hommes, palpitant de leurs peines,
ivre de leurs désirs !

Toujours des lívres ; toujours des livres avec
lui. Et pour en finir, je n'y comprenais rien. »

Ma vielle tante, ce soir, le voit, dans le lointain.

L'instruction !

Comme il y tenait — j'aime beaucoup M. Scorff — disait la mère de ma mère — parce qu'il s'est élevé par lui-même.

Professeur de ma vieille ville qui m'avait guidé :

Les soirs du plein été, mon père l'appelait dans le jardin.

De loin, faisant semblant de regarder les coins, j'épiais leurs allées et chemins.

« Est-ce qu'il travaille. Est-ce qu'il travaille mon gamin. »

L'autre, à côté de mon père, semblait réfléchir.

O figures disparues qui ne reviendront plus.

Est-ce qu'il travaille, mon petit ?

Jours de juin limpides. Le soir tombait sur l'horizon. Le soleil alangui, mollement sablait les allées d'or.

Et l'odeur des roses tournoyait à leurs gestes.

— *Jour de fête au village.* Jour du grand pardon. Déjà tout le monde est sur la place ; et l'animation commence.

La gavotte, en deux rangées : les danses lèvent le pied, et les binious traînent leur mélopée sautante.

Les visages simples, tous les mêmes, heureux en ce jour de joie où sérieusement, posément, ils dansent comme à un office saint.

... Et continuellement, perpétuellement ils dansent, tournent, retournent et détournent, sans monotonie pour eux. Les mêmes gestes, en cadence, toujours infatigablement, sur la même ariette, hilarants et souriants.

Pour eux, peut-être le plus bel horizon vraiment, n'allant pas plus loin dans leur cadre restreint : un air de danse, un dimanche de fête, où l'on s'en va, au bras d'une payse, se reposer, pour quelques heures des champs.

Mais toujours un vieux, un vieux rencontré par hasard, pris soudain pour moi, d'une affection visible (lui payant des bolées) ; « Que voulez-vous, lance-t-il à un moment, je suis en arrière de l'intelligence ! »

— Et toujours alors, devant moi, au loin, m'apparaît une bien connue figure : un de ces simples aussi qui, tout jeune s'en alla loin d'eux, vers d'inconnus ailleurs :

Oh ! mon père, tu fus un génie !

Non pas illustre, je le sais bien, mais des plus humbles, obscur. Que ce soit ton petit fils, qui vienne te le dire, à voix basse, au delà du Tombeau !

IV

(By the image of my cause,
I see the portraicture of his.

HAMLET.

Au couvent, au couvent!

ÉLAS! Hamlet, ce n'est pas toi qui crie pour Ophélie.

Au couvent! Au couvent! Plainte d'une mère sur sa fille égarée.

— Depuis trois mois déjà!

Tout petits, je me le rappelle, à qui mieux mieux, ongles et griffes c'était à qui de nous deux ma sœur et moi, de notre père se disputerait la trace...

Si petits nous ne voyons pas encore la figure de notre père! Par dessus nos années, donnons-lui nos paupières.

— Eternité! tu es sur terre, entre vous et moi, création d'homme, parure de roi.

Chère sœur,

As-tu bien pensé ?

... Oh, dis-moi, l'as-tu prise cette voie, rayonnement au front, aspirant avec joie l'air sur ton chemin, comme s'il allait te donner pour toujours la vie ? — Tu y es allée morne, la tête basse, avec des larmes de regret et de douleur. Ce n'est que dans un pis-aller, te cachant presque, que tu as essayé de renfermer tout ce qui te restait d'espoir en la vie.

Pauvre sœur ! Dans ton silence, on ne t'a pas comprise et faut-il le dire : tout le premier ton frère. Comme moi, à la mort de notre père, jetée subitement dans cette vie de Paris, sans cesse enfermée dans ce milieu hostile, réfractaire à tes prises, il fallait que petit à petit tu te replias sur toi-même, ne voyant bientôt plus que le noir de ton deuil au dedans.

Oh ! la lividité de ces jours, quand on a toute jeunesse, passés dans le néant. Voir ses aspirations de jour en jour abolies et meurtries, se réfugier dans le travail et la raison, et être blâmée. Voir sa jeunesse, ainsi l'ombre, se décolorer peu à peu ; et, rêve sur rêve, comme pétale après pétale, tomber. Obsédant, avec vous sentir le temps marcher, alors qu'en pensée, on voudrait se reposer quelque part, comme en un linceuil échappant à la durée. Puis, découragée, en des heures de tristesse et de recueillement désolé, se jeter aux pieds de ce qu'on appelle la divinité. Et être insultée !

Pauvre sœur ! Tout comme comme toi, il semble que ton frère ait passé par les mêmes épreuves. Et cependant, et par cela même, c'est lui qui aujourd'hui, t'exhorte à te relever : à mesure lui aussi qu'il prenait l'âge de conscience et qu'il allait s'ouvrir à la vie, il avait assisté au déclin de son père malade. Puis c'était la mort. A l'âge où les autres ne pensaient qu'à jouir de la vie, et à s'amuser, il était resté la, inerte, n'ayant de goût à rien que pour l'ennui, accablé même devant la perspective de toutes ces longues années qu'il lui faudrait vivre encore: se réfugiant dans la contemplation triste de ses années d'enfance d'où lui venait au moins un peu de lumière et d'amour. Puis, petit à petit, comme quelqu'un qui s'éveille de la nuit ou de la tombe, de pensées en pensées, son père, sourdement à pas bien lents, il le sentait vers lui revenir, et alors lui, relever un peu la tête à ces lointains rappels d'amour dans le passé.

Et je viens te le dire, aujourd'hui je me réveillé avec le souvenir de mon père mort. Tu te réveilleras avec le souvenir de ta mère souffrante. — Oh ! voir sa pauvre mère petit à petit reprendre vie ; et sous nos mains de plus en plus unies, voir naître en elle, comme pour un merci, une lueur attendrie.

Apprends donc à vivre en apprenant à aimer. Car l'amour est une chose qu'il faut savoir tirer du sein de ses parents, pour le donner aux autres : il y a des esprits qui, dès l'enfance, se sont élevés si haut dans la pensée qu'ils ne peuvent plus tomber. Acculés par la faim, ils reviennent sur terre, se mêlant à autrui. Mais un jour, ils se mettent à penser tout haut ce qu'ils mâchaient tout bas. Et leur conduite alors, on se demande d'où ils l'ont tracée.

Saches donc vivre aujourd'hui pour avoir le bonheur de mourir un jour. Car cette vie s'embellit à qui sait la voir en ami de toute une clarté qui va du cœur à l'infini. Revois notre mère, comprends-la. A partir de ce jour commenceras-tu à aimer. *Ta petite héritière*, te souviens-tu, c'était le nom, à toi la première née, que te donnait notre père. *Ta petite héritière*. Est-ce que ces mots ne te disent rien ?

Trois mois passés. Cela a assez duré. Tu parles de venir passer quelques jours parmi nous, si l'on t'en accorde la grâce. Ce sont tous tes jours que mon père qui est en moi t'ordonne de passer avec ta mère et les tiens.

Allons, petite sœur, ne te sens-tu pas un peu plus entraînée maintenant ? Ce jour de congé, par exemple, tu les quitteras, ces compagnes, parmi lesquelles, dans les premiers temps, tu as pu trouver des heures de recueillement et de repos. Elles seront frappées de ta tendresse. Elles te regarderont, un peu étonnées : tu ne leur diras rien, sinon que ton cœur va vers elles, toujours ; qu'il fait beau, au dehors, en ce jour d'été ; et que, toute heureuse tu vas aller revoir ta mère... Puis, d'ici, tu leur écriras, sûre de toi, ta volonté de rester, comme nous, pour quelqu'amour qui pour un temps nous a donné la vie, et qu'il faut brusquement quitter un jour, de peur de faiblir en se voyant pour la dernière fois.

Viens donc pour te parer, chère sœur, comme dans ta petite enfance, pour nous revenir meilleure d'avoir souffert ainsi, au début de la vie, tout ce que peut le cœur. Fais-toi belle en venant, comme pour plaire aux nôtres, de toutes ces pensées, pour enguirlander ton front, te répétant à voix basse, ce que je disais l'autre jour moi-même :

« Saches bien que tu es née de deux cœurs les plus purs et les plus nobles qui soient.

Ecoutes-les simplement dans ton cœur sans t'occuper d'autrui. — Et des avis qu'ils te donnent, sachant qu'en leur source tu peux placer toute confiance, fais-en des principes que ta raison soutiendra.

« Un père...
C'est l'honneur, c'est l'orgueil ; c'est Dieu qu'on sent tout
[près. »

V. H.

Une semaine passée.

Joie, joie ; jour de joie. Ma sœur va revenir.
C'est notre vieille bonne qui l'annonce : « C'est
gentil, cela. »

Oh ! la vérité qui sort de la bouche des simples
et des très pauvres.

Joie, jour de joie : mon père chante son plus
bel hosanna en moi, vers les espoirs toujours
nouveaux de ma nouvelle vie.

— Les temps peuvent changer et devenir mau-
vais. J'ai mon âme dans le poing qui mène le
gouvernail, les yeux vers le soleil que nous

allons forcer : mère et sœur au côté, cargaison
sacrée que je dois ici-bas mener au summum
rêvé, jusqu'en l'éternité.

Une fillette, à qui je viens de dire que je n'ai
plus mon père, que seules, ma mère et ma sœur
me restent, toute pensive me dit :

« Alors, c'est vous qui êtes le papa ? »

Et dans le corridor, ce soir, de longtemps, je
n'oublierai ma mère me baisant au front.

Non, ce n'était plus comme à quelque chose
de faible et de vide à qui elle adressait ses
vœux. Mais, de la pointe des pieds se levant vers
moi, comme peut-être plus tard, une jeune
fiancée :

« O Yann, me dit-elle, tu es un homme maintenant. »

« Créer, c'est être Dieu. »

J'ai communié.

Je viens de prendre l'hostie. Ma mère en est
si reposée.

J'ai communié : j'ai la belle voix de mon Père
qui me chante la vie. Et tous les actes de sa vie
à égrener par cœur.

— Communions en notre père vivant. Et non
dans une majuscule banalité.

Communions en notre mère souffrante. Et non
dans du plâtre terni.

Communions en les morts hécatombés.

Communions en l'immense Incréé — dans le
sang de nos enfants — de nos enfants morts —

de nos enfants à venir : petit à petit attirés du néant.

Communions donc en l'Eternel — à chaque pas révélé et Créé.

— La petite clochette sonne,

Alleluia.

Le petit enfant de cœur me sourit de côté.

... Un jour, chère sœur, celui qui vers toi les mains tendues viendra, tu l'épouseras.

Mieux que ton pauvre frère, tout empli du trouble que lui légua son père, mieux que lui, tu conserves sa trace.

... Oh les blancs lilas pour ce jour de fête que te tendra mon père.

La sœur prend le monde avec les bras du père. Mais le fils, quand il le regarde, se sent autre ; et détourne la tête.

Oh ! regardons en arrière !

Eh bien ! oui, aurais-je pu m'en douter ! Un homme s'est avancé...

Il est venu.

Il est venu pour elle. Mais combien différent de celui que j'eus pu espérer !

Souvent, maintenant il vient à notre demeure. Ma sœur ne le repousse point. Que lui aurait-il dit ? Se laisserait-elle entraîner ?

Non, non, lui dis-je, tu ne l'épouseras jamais.

(Mon père, fantôme, s'observait).

Non, non, tu ne l'épouseras jamais.

Alors elle était triste. Elle hésitait.

Elle se tournait vers lui. Toutes ses larmes coulaient. Elle voulait s'adonner. Mon père la tenait.

L'arc se tendait : elle le renfermait si hautain dans sa gorge. Pour l'étranger, ces larmes exaspéraient son être. Il allait la quitter.

Mon père alors se dressait : dans son vertige, toute en pleurs, il la poussait vers lui. Alors sa gloire triomphait.

L'amour avait sauvé.

Ils se sont mariés.

Notre vieille servante pleurait. Toutes ses larmes criaient parmi l'église. Toute émue elle parcourait les nefs. Elle avait connu mon père ; elle savait sa détresse. Et se rappelait son geste.

... Ne vois-tu pas, parmi le trouble de ton âme, la figure du Christ que voilait ton ennui, se détendre soudain aux pleurs de tes yeux.

Mon père se sauve à ton regard!

Tu n'avais vu, m'as-tu dit, que sa sévérité.

Regarde. Tu le croyais plus dur.

Regarde dans ses yeux te dire de quelle bonté encore il veut sous tes pas renouveler la terre.

L'image de toi-même que tu contemplais au mur de ton visage, dans ce cadre de bois où tu pleuras tant de fois, ne se réflétait entière :

Il est venu te dire qu'il ne t'avait entière.

... Le Christ, ce n'est pas Pierre, ce n'est pas Paul, à peine si c'est Jésus. Mais tous ceux et quiconque, sur notre coin de terre baise la croix des morts — et dans son rêve regarde la forme toujours trébuchante du charme indéfini de l'inconnu du vivre.

— Oh quand vous serez tous les deux, dans

vos yeux épiant votre futur, berçant mon père rêveur à l'ombre du chemin...

— Mystère insensé du désir. Ne pouvoir aimer qu'en regardant nos morts.

Et ne regarder la mort qu'en y fixant nos gloires.

Au couvent, au couvent ! Ils y ont été. Il y a
une fatalité.

Tous les deux, lui, tout fier de sa victoire.
Elle, faisant des simagrées. Signes de ta croix !

La bonne sœur, pour voir qui c'était, leur
ouvrait le rideau.

Ils se sont embrassés.

Mon père leur souriait dans les cieux.

C'est le bon Dieu qui joue aux boules

Mon père, quand le tonnerre grondait, me
menait au jardin, et me prenant par la main,
m'en faisait faire le tour pour m'habituer au
bruit.

… Et voilà que devant la vie je n'ai plus peur
aujourd'hui, car mon père est là qui me tient
par la main, avec tout son bon sens et sa gaieté,
devant tous ces blasés, de ne rien faire lassés,
accoudés au néant : eunuques hébétés devant
l'éternité,

V

Toi, mon père, ployant ta tente voyageuse
Conte-nous les écueils de ta route orageuse
... Va, tes fils sont contents de ton noble héritage
Le plus beau patrimoine est un nom vénéré.
... Traîne, débile et fier, le glaive paternel

V. H.

oici donc toute une période de ma vie passée.

Une vie de nonchalance, d'isolement et d'ennui. Une autre existence qui va commencer, à l'air libre et joyeux.

Erreur, avoir cru trouver le calme dans le repos, à vingt ans. Fabriqué de telle sorte que je ne puis jouir entièrement du calme absolu, ni me complaire dans l'agitation et le bruit. Alors ce long ennui, il y a quelque temps encore, que je voyais réapparaître, en mon incertitude, jusqu'en un Indéfini lointain.

Un petit banc de classe près d'une vitre : je me vois très bien maintenant.

D'abord resté inerte, manquant peut-être de l'amour des autres pour m'épanouir. Puis petit à petit, je le sens, vient de s'affirmer le cœur de l'homme qui à son tour, va s'engager dans la vie, se prodiguer aux autres. Forcer le possible, jouir dans le réel, se parfaire, se poursuivre en idéalité consciente.

« ... Si tu savais, me disait un jour mon père, comme il a fallu de soins, au début de ta vie ; on croyait que tu ne pourrais pas vivre ».

Et sans cesse, en pensant à lui aujourd'hui, ce sont comme ses caresses qui viendraient m'entourer pour me donner une nouvelle fois la vie.

. . . .

— Injustes que nous sommes, les yeux toujours tournés vers un ciel crevé, dont nous n'obtiendrons jamais rien, vivrions-nous dix mille ans, qu'un grandiose pied de nez, au lieu de nous tourner, en toute sincérité, vers ceux dont nous sommes nés.

...Solitude adorée de nos premiers beaux jours, où flotte l'indécis de nos premières amours...

Y retourner ! Pour un instant peut-être. Se rafraîchir à la source d'eau claire où se trempèrent, roses, nos lèvres, de tout petit enfant pur. Mais y retourner, pour y rester à jamais ! O souci de bien vivre et de ne pas périr. Le pourrions-nous jamais !

Et les deux mains aux yeux, comme un être aimé, qu'il nous faut quitter, pour ne pas à sa perte se laisser entrainer, il faut nous en sauver jusqu'au tourbillon dernier.

...Nature, mère de nos ancêtres, d'où s'exalta mon père. Nous avons trop grandi. Nous n'avons plus le loisir de nous absorber, partie de toi-même, en toi : si ce n'est pour t'étudier. Et de ta matrice, à force de travail, arracher les secrets.

Homme : nous y voilà, devant toi, debout. Mère, nous te regardons encore. Et savons ta tendresse. Mais ce n'est pas là, en ton sein caressant, qu'il nous faut endormir, confondus, indolents.

Arraché, qui nous tenait à toi, l'ombilical cordon.

...O les plus beaux paysages et les plus délicieux parfums, eux-mêmes, tout remplis de mort et de germes éteints.

Nous vivons, en premier, sur du sang, sur celui de ce couple où nous l'avons puisé, pour celui, prochain, que nous devons fonder.

« Après la mort de votre
père, ayez toujours les yeux
fixés sur ses actions. Celui
qui ne fait pas attention à
l'âme de son père, ne saurait
songer à la sienne. »

Pauvre père, dans les derniers temps, en te
regardant à la glace (je le voyais bien), tu ne te
reconnaissais plus.

Il te fallait ton fils ; ton fils pour te poursuivre. Arde son labeur. Ebauche sa chimère !

— *Tu m'attristes, tu m'attristes*, Yann, tu n'en-
treprends rien, me disait l'autre jour son plus cher
ami.

O mon père, calme-toi, si dans notre détresse,
longtemps nous nous sommes cherchés, sachant
à peine manicr les armes que tu nous avais
laissées.

Père, calme-toi. L'heure va sonner.

...O mon père aveugle, prends la main du petit.

Est-ce sur mon air attristé et rêveur qu'au lendemain de sa mort, ils ont dit :

« Tu sais, la vie, Yann, il ne faut pas t'en étonner. Si tu crois qu'il y a quelque chose après. »

Si parfois, dans votre indifférence, vous y avez songé, mon père et moi ne l'avons jamais pensé. Mais pourquoi, ô toi qui finis dans ta race, es-tu venu me dire que, sur terre, il ne faut espérer ?

Je me vois encore ce soir, dans l'antichambre chargée de fleurs, ce soir où pour la dernière fois près de nous reposait ma grand'mère, vous me repoussiez de la chambre mortuaire (était-ce la peine que je revoie ma grand'mère?) « Comme tu as une belle raie Yann, ce soir, me disait-on railleur ; on dirait un petit anglais. »

Je comprends que votre orgueil n'a que faire des larmes d'un enfant. Mais pourquoi ne laisser aux autres le droit de leur misère ? Tristesse, à la longue tendue vers notre espoir, abattant votre orgueil...

...Etends les mains de ton père qui ne peut plus remuer, tout chargé de sa gloire, vers l'humilité.

Tu seras avocat, me disait un jour mon père.
Il était près de la fenêtre, dans notre vieille maison, une après-midi de froid hiver. Le soir bais-
sait dans le silence... « Tu seras avocat ». Il met-
tait la main sur mon épaule, comme sur celle
d'un grand qui devait parfaire ses pas dans l'inconnu.

Oh! père n'as-tu pas trop espéré ?

— *Tant qu'on ne m'aura pas ôté*, s'écriait-il
quelque part, *cette envie de lire et de penser...*

Pauvre père qui n'a su se contenir devant un
idéal dont il n'a eu le bonheur de jouir bien
longtemps !

Etant à table, invité quelque part, me disait-il,
comme il levait son verre, sa main tremblant,
hélas, tremblant : « Vous buvez, monsieur, lui
lança son voisin » — Avais-tu besoin de cela ?

...O pauvre main de mon père, effrayée d'inconnu, qui à cette heure encore, sur ce papier même, tremble dans ma main.

— Etait-il content aussi, chaque fois que revenant du lycée, je lui rapportais quelque nouveau succès.

...Nous l'aimions ; nous l'aimions : nous étions ses enfants. Puissions-nous toujours rester les mêmes, envers nos parents, et que nos sentiments ne nous éloignent jamais d'eux.

Ne mens jamais mon petit.

C'était une soirée de printemps, je nous revois
encore, après la classe, nous promenant sur les
remparts de la ville ; tous les deux, dans cet
irréel du passé, en silhouettes vagues, dédou-
blées de nous-mêmes. Et la surprise alors en moi
de cet appel, premier éveil de la conscience,
exhaussement vers cette vie nouvelle que je
croyais devoir toujours partager à ses côtés.

— Voilà là tous ses livres, et leur épigraphe :
Guerre aux abus. Ne pas mentir ! Pauvre père,
exilé dans tes livres, donne-moi la force pour te
poursuivre.

Oh je veux t'adorer pour chaque acte de bonté
à accomplir sur terre.

Oui, tu es le bon Dieu ! ainsi d'un ton narquois te répondait un jour un petit enfant auquel tu faisais réprimande.

Tous ces petits, dans notre vieille ville de province, qui, dès la porte, à ta sortie, venaient vers toi, se prodiguer à tes caresses !

Et pourquoi m'élevas-tu si haut dans tes bras, vers le ciel, c'est que tu les avais forts, forts, de tout le travail enrigidé dans tes veines ? C'est que tu étais fort, de la bonté, embrassant tous les mondes : dans ton cœur possédant tous les autres.

Pauvre tête de mon père qui pourrit dans la terre, dont le regard qu'on recherche en vain se perd dans l'atonie du passé, si tu savais, comme avec l'âge, chaque jour plus fortement elle va s'illuminer en tendresse dans le cœur de ton fils.

« Adorons l'humanité dans ses
héros ; vénérons nos morts de
qui nous tenons ce qu'il y a de
bon en nous — et surveillons
notre âme et notre corps puisque
nous donnerons naissance à une
génération dont la beauté morale
dépendra de notre effort. »

Cette nuit, mon père m'est apparu un livre de droit à la main. Et, gravement, il me l'indiquait du geste, comme pour me commander l'action.

Alors, je me revois tout enfant, feuilletant un jour ses vieux codes. Mais pour vite les refermer. Je n'y voyais que des caractères secs et mornes, me semblant sans vie.

Forme des sociétés, mécanisme de la vie, lois, coups de barre vers la splendeur ou la détresse de tout un peuple : il faudra que j'apprenne tout cela.

« Les temps nouveaux ! » vois-je partout écrit sur les couvertures des livres, Pères, achèverons-nous nos programmes ? Alors combien différents des autres, nous, o fils qui vous auront veillés. Conscience resplendie !

« *Hâtons-nous de l'anéantir*, écrivait-il *cet état de choses actuel.*

Lorsque nos pères, les Gaulois, voulaient transmettre des nouvelles importantes, ils allumaient de grands feux sur les montagnes.

Nous aussi, il faut que nous allumions de grands feux sur les hauts sommets !

Il faut que la lumière se fasse dans le monde !

Mais voyez comme le progrès se développe lentement.

Il y a dix-huit cents ans, un des hommes les plus remarquables que l'humanité ait produits apparut dans le monde.

Il avait un sentiment profond de la justice et du droit.

Plein de pitié pour les souffrances des faibles et des opprimés, il se fit le protecteur du pauvre, de la femme, de l'enfant, de l'esclave, de tous ceux qu'écrasait la législation impitoyable de son époque.

Sans peur de la persécution, il proclama l'égalité des hommes dans un monde d'inegalité et d'injustices.

Et il fut crucifié !

C'est le sort qui attend trop souvent ceux qui se sont faits les apôtres de la vérité et de la justice.

Alors, au-dessus de moi, en moi, il me semble entendre l'âme de mon père qui palpite et qui plane.

Cela est décidé : je serai avocat. Me voici au Palais, révêtu de ma toge. Comme j'ai l'air d'un petit !

Redresse ton épitoge, me dit saint Dominique. Il ne faut pas te confondre avec les huissiers.

Ah ! oui, ai-je le temps, je veux voir les bâtiments. Mon père parlait à tous, gendarmes et tout le bataillon.

... Et dire que j'en ai rencontré un, il s'appelait Père ! oh le plus beau des noms des nobles : humble du Palais, il ouvrait la porte à mon bon père : oh demandez-lui : troisième galerie.

— Comme je me sens guindé. Dans le grand vestibule, ils sont là qui m'entourent.

Comme je me sens perdu.

Voix, voix, encore des voix. Clameur de mon père, montant de la poussière pour se donner à moi.

Oh pouvoir élever assez mon verbe pour te re-
dresser superbe.

Et jeune, jeune encore mûrir ta vieillesse, en
te refaisant jeune.

Dominique m'entraîne. Oh ces yeux superbes.
La porte des assises.

Ainsi, mon père, parmi ceux-là, rouge dans ta robe, (1) tu dis là tes serments d'avoir vraiment dit vrai.

Toutes ces têtes coupées...

Oh si par ta clémence, parmi les autres voix faisant pencher la balance, quelqu'une fut sauvée, avec une tendresse, si cette journée l'obsède, dans son exil, peut-être te regarde-t-elle encore.

— Quels sont ceux qui sont là, prenant la place vide.

Oh ! nous les regarderons face à face, avec nos yeux de rustre, dans leurs crânes dénudés inquisitionnant d'audace.

A cette heure, libres encore, notre âme nous appartient :

Nous voulons savoir devant qui notre âme, âme de nos pères — flamme d'espérance — nous

(1) Le père de l'auteur fut successivement avocat, puis magistrat. (Note de l'éditeur).

sommes si jeunes, encore — paraîtra quelque jour une heure d'égarement.

— Et si ta pensée s'inquiète, le geste, mon père, n'hésitera pas.

Prétendre juger le monde, o folie !

Hélas, ils s'approchent du cadavre, et se font juger par des yeux morts. Mais c'est la loi aussi que la jeunesse arrive et se dresse au cadavre.

O cœur de mon père sous sa robe rouge.

Eh bien oui, je me suis trompé.

O jeune que je suis; illusions perdues. Trompé !
Ils n'ont pas su démêler. Oh ! jeune que je suis,
je n'ai pas su crier. Je croyais qu'ils regarderaient,
ouvriraient leurs regards.

Je me suis trompé et cet homme est tombé.

Pour un morceau de pain, un pauvre homme, à
la dernière misère : un an de prison !

Et c'est tout, cela est tout — je vous le
jure, j'en sais plus long que ces juges, je vous
le jure tout. Un an de prison. — Sa mère à l'ago-
nie.

L'Appel, l'Appel est là pour nous sauver. O
geste de mon père, sur le papier combien de fois
raturé.

L'appel, l'appel est là, bouche de mon père, qui
crie la vérité.

Regardez, regardez, leur dirai-je, pour un moment d'erreur, où mettez-vous sa fierté.

J'ai le droit de dire ce que je pense ici à sa place je serais un révolté.

O combien de fois, malgré les airs soumis, ai-je entendu ce nom, Révolution ! sourdre parmi les rangs ! Nos pères ont travaillé, et s'épuisent encore. Mais un jour si vraiment, il n'y a d'autre moyen !

O pleure sur ton fils ! Rudoyant les autres, de ton glaive, élèves-le jusqu'au ciel. Ou comme un infâme ardent, né de ta détresse, pour ton soulagement, brise lui les deux mains.

—« *Me voici arrivé*, je lis dans un de ses livres, *au terme de ce modeste travail, dont je me suis efforcé de bannir tout ce qui pouvait paraître entaché de passion.*

Ce serait en méconnaître gravement la portée que d'en attribuer l'inspiration à une aveugle prétention ou à la soif d'un scandale gratuit.

… Pages qui auront du moins le mérite, précieux aux yeux des honnêtes gens, d'avoir passé par mon cœur et par ma conscience. »

—Oh ! il est moins beau, il est moins beau assurément ton fils ! Lui qui voudrait, pour toi, de par le monde, lancer réclame.

Mais c'est pour toi. Excuse-le donc.

Voici les larmes qui viennent pour mon pardon.

Sur la couche du passé mes petits pas se lèvent.

Pas, Pas dans le passé.

Oh comme ils doivent se hâter, père, s'ils veulent t'attraper.

Sur la couche du présent mes petits pas s'avancent.

Oh ! comme il t'ont dépassé.

Pas, Pas, dans le présent.

Mon père est tout couché. Sa blessure au côté.
Il songe dans le passé, qu'il dort dans le présent.

Oh ! que la vie me semble longue ; aurai-je assez de force ? Mon père, dans son idéal, l'avait vue brève.

Je continue son rêve. Arrête, arrête-le sans trêve ; dirige sa poursuite.

Je commence à penser.

Où dort mon lendemain ?
Mes effets pendent sur ma chaise.
On dirait que je suis né d'hier.

J'ai partout cherché ce portrait ; et ne l'ai pu trouver.

Je demande, je demande ; on me les montre encore. Non, non, ce n'est pas celui-là.

Mais où donc est-il ?

Je l'avais vu il y a si longtemps déjà : et dessus, mon père me semblait si grand.

Non, Yann, il faut te résigner, c'est bien lui, le même, ce tout jeune homme, ce portrait que tu revois.

— Est-ce moi qui suis devenu grand ?

VI

« Marie-toi dans ta jeunesse :
ce monde n'est qu'un passage.
Il faut que ton fils te suive,
et que la chaîne des généra-
tions ne soit pas interrompue. »

ZEND-AVESTA.

Kervor, mai 1902.

 ETTE première fraîcheur de printemps est délicieuse. Elle met du rose aux pommettes des jeunes filles, de petites flammes dans leurs yeux, comme après le champagne. Et dans les blonds cheveux le soleil se joue en paillettes d'or, en nimbe de jeunesse sur les fronts radieux.

Elle !

...C'est une fillette encore qui s'éveille à la vie, avec toute l'insouciance de ses premières années. Mais petit à petit, quand la femme naîtra, elle ira s'embellir d'un inconnu profil de charmante rêverie, et ses beaux yeux alors réfléchiront son cœur en tendresse infinie.

Mais peut-être, qui sait, le temps est-il venu où son cœur d'enfant va s'illuminer soudain au clair rayonnement du sentiment divin ! Je n'ose l'exprimer, quel serait mon bonheur, si c'était moi pourtant qui fut premier choisi. Avec quelle ivresse je me ferais une fête de soutenir ainsi, sous son âme éblouie, ses premiers pas chancelants à la nouvelle vie.

Voir ses fins sourires, presqu'enfants encore, se transformer soudain sous la douceur étrange de l'apparu mystère.

Et puis toute la vie ainsi, sans chercher ailleurs, m'enfermer tranquille dans mon inespéré bonheur. La garder contre moi, toute la vie ainsi, jusqu'au temps marqué pour aller côte à côte de paisible sommeil rêver d'éternité.

Quelle est douce à penser, elle qui vient ainsi, sur mes jours assombris, jeter un peu de vie, et me faire voir ainsi la vie toute embellie de mon enfance finie...

Vieilles et décrépites voûtes. Voici l'église du hameau. Celle-là sans doute où elle a dit ses premières prières d'enfant, celle de sa première communion, celle aussi où elle a rêvé d'aller quelque jour en voiles blancs, avec un beau jeune homme de son pays à son côté.

... J'aime à me la représenter dans un lointain passé, toute jeunette, toute enfant, avec une coiffe comme les grandes déjà, allant par les sables pieds nus, ou chantonnant quelqu'air de son pays breton, dans la câlinerie de sa chaumière paisible.

Allons, fillette, hop là, battez bravo des mains.
Sautez, réjouissez-vous. Le jour est arrivé. Il est
venu mon cœur de vingt ans nouveau né.

Sans cesse, à tout moment, vous me trottez en
tête. A coups d'ailes, la nuit, sur vos petites
cothurnes, noctambule libellule, sur mon front
endormi, pour me quêter en danse, arrivez-vous
poser, toc, toc, toc, légère comme une bulle.

Réveillé et ravi, j'accepte la partie. Et tandis
qu'à notre nuque, à n'en plus finir, avec vous
tournoyant, je reste perdu de rêve, là, sous mes
fenêtres, voyant cette conquête, devant ce meli-
mêle, se croyant à la fête, deux chats en pamoi-
son, la queue en demi lune, au clair de la lune,
en des tons larmoyants accordant leurs talents,
sous d'agaçants archets, jusqu'à rendre l'âme,
raclonnent du violon.

Temps radieux et splendide, temps de renaissance et d'amour. Oh! ces levers d'aurore à Kervor; jamais, nulle part, je n'avais vu ainsi s'éveiller la vie. Le matin se lève dans une auréole; dans l'air c'est une odeur d'algues fraîches qui aussitôt sur pied avec délices on hume. Un brouillard laiteux s'élève des flocons tumultueux des flots, et de ce peignoir fumant on s'attend à voir à chaque instant sortir quelque déesse d'argent.

Chaque jour, même enchantement blanc, comme si chaque matin, pour les jeunes cœurs, il allait se lever quelque chose de toujours nouveau.

Sur la plaine, les cloches de vieux beau bronze, à intervalles, étalent leur solennel dig-dong. Tandis que dans les chemins les tigelles frisent leurs papillottes, les arbres à fruits mettent leurs blanches couronnes de mariées et lancent déjà en l'air leurs dragées au baptême du printemps nouveau-né.

... Oh ce serait charmant cela, souvent vers la ville avec elle, comme deux enfants nous tenant par la main, le long des aubépines en fleurs, au bruit des violettes, aller faire le marché tout simplement, charger des provisions ; et sur de petits ânes jusqu'à temps que vienne la balance, de chaque côté emplissant les paniers, au chant des coqs coqcoricant dans l'air, calculer les pesées.

Et puis, de temps par là, coupant notre silence de bonheur, à quelque farce de notre ami, une reculade, une ruade, un choux vite engouffré, au lieu de se fâcher, à sa mine offusquée, en nous riant au nez pouffer comme des bébés.

— Cette nuit, j'ai rêvé que j'étais avec elle, dans notre vieille maison de province. Et nous étions à jouer tous les deux.

Mon père entrait alors, s'avançait, souriant. Il nous tapotait chacun la joue : « Nous te marierons avec ta petite M... dis ? » — Et moi je ne disais rien, honteux qui n'ait pu soupçonner ainsi mon amitié pour elle. Mais je me promettais bien tout bas que cela se ferait un jour.

Je revenais dans les bras de mon père : « A quoi rêvais-je donc ? Il ne m'a jamais quitté. Il est toujours là.

Oh ! comme je vais l'aimer maintenant.

Mes enfants... Et quand je vieillirai, je les
sentirai grandir, et ce sera pour moi rajeunir. Et
quand pas à pas, avançant en âge, ils me pous-
seront sur leur chemin, en leur souriant, pater-
nellement confessant ma faiblesse, eh bien, puisqu'avec eux il n'y a pas moyen, leur céderai le
terrain. Et puis l'heure venue, les ferai tout autour
de moi venir pour que de leurs menottes sur le
lit appuyées, je leur remette mon âme en m'en-
dormant, pour que voltigeant parmi leurs boucles
blondes dans un gazouillis de printemps, elle
aille revivre au centuple la vie de mes vingt ans.

« S'il m'était donné d'avoir
un fils pour rafraîchir mon
âme déjà lasse. »

(AICARD).

Oh dis-toi enfin, mon fils de demain, viens,
Je me sens si seul et ma vie si dénudée.

Baisant ta tête chère, il me semble que, je me
rapprocherai encore plus près de lui, de mon
père, en prenant dans mes mains et son titre et
son sceptre ?

Quand viendra-t-il donc l'Elu — pour moi
c'est le Messie — nous délivrer de ce terne où
s'abrutit l'esprit.

Une étoile, l'Espérance, à son front brille,
comme autrefois aux rois Mages pour leur Sau-
veur venu.

Oh ! si elle pouvait s'irradier un peu, à mon insu, dans les poitrines, en flambeau clair, portant la vie : pour faire éclore à la lumière, comme en une apothéose, des milliers d'anges nus.

Petits fils, petits fils nous vous attendons. Oh ! venez pieds nus, de vos bras étendus.

Petits fils, voyez le père. Aimez-le bien, il adorait le sien. Aimez-le jusqu'à ce qu'il aille regarder le sien dans un rêve sans fin.

Allons par chez toi, vers cette colline, ô mon père.

La vérité tourne au vent des feuilles. La verdure s'astique sur tranche. Tranche la verdure.

Près de son nid, humble chaumière, l'oiseau étudie sa prière. Ton âme sourit parmi les branches. L'abeille butine les fleurs.

Mon petit dort dans son calice encore. Mon père s'attendrit parmi les feuilles d'or.

Cette femme devant toi
Regarde au plus profond des yeux.
Il suffit de te dire
Il y a là une nappe de sang,
Regarde au plus profond des yeux :
Il y a là une nappe de sang.
Dans ta postérité frêle, féconderas-tu la terre ?

O pourquoi ! dans la mer de notre égoïsme,
lui avoir tendu la main, dans l'abîme ?
D'aucuns disent : Il y a un Dieu là-haut.
Petit polichinelle cocasse pour les enfants ma—
lades.
Et moi, et moi :
« L'âme de mon père !
Qui par-dessus tout cela jette sa trame inson—
dable. »

... Toi seule que je peux aimer, humble comme
mon père :

De ton rire agreste tu me donneras la fête. Tu
me désarmeras. Je prendrai tes deux bras. Et
mon père, se mirera, humble, sublime dans tes pas.

… Temple béni où dorme mon immortalité.

Ce soir, temps lourd, avec de larges gouttes de pluies tombantes. On s'enivre dans l'odeur de la campagne en fleurs.

... Cette /fleur blanche de laurier thym, elle est si belle que je ne puis m'en lasser. Ses petites clochettes, d'une blancheur de givre sont disposées en diàdème, sur le fond vert des feuilles. On dirait une fleur d'oranger, une fleur de mariée.

Et je voudrais la lui offrir, ou bien pour elle la conserver telle quelle...

Vous allez peut-être me juger profane de parler ainsi d'amour devant mon père mort. Il me semble au contraire, l'honorer de mon mieux, lui montrer comme j'aime la vie. Et si, comme l'on dit, l'amour n'est que le recueillement des âmes vers la mort, peut-être de nos mains unies montera vers son souvenir la plus belle cantate d'amour, avec cette jeune fille à qui je dois lier ma vie, et qu'il aurait, lui, j'en suis sûr, s'il l'eut connue, beaucoup aimée.

Et il me semble en haut voir son image, à lui, nous sourire.

La fleur prie sur sa tige. Nos lèvres sont unies.

Salons du monde, vides de détresse, où j'ai
marqué mes pas lourds, ne voulant pas valser.
Père, perchons-nous sur cet arbre et regardons la
fête. Mais ne tournons pas au son de ces violons :
ils rendent un son si creux qu'ils raclent des tom-
beaux.

O Père, dont la race s'échappe dans la nuit du
passé, dresse ta fierté.

Dans sa candeur de vierge, ô fils, prime ton élan.
Nos pères ont attendu des mille et des mille ans.

Retrempe-toi dans ta race, avant de te sortir à
tout venant.

Ecoute la brise qui vient de tes parents. Tes
pères ont attendu des mille et des mille ans : res-
pecte leurs instants.

Mais ne mêle pas d'un sang vieux, asséché dans
son spectre, notre rythme ancestral dont l'éternel
labeur s'audace à tout moment.

O fils, attends tes fils, qui sont pour te poursuivre. Abrège, le rythme de ton sang, conscience de ta race, épie tes pas tremblants.

... Enfouie depuis des siècles, ton âme va-t-elle se lever, ô ma destinée !

Oh ! l'universel effort depuis Christ qui dort et vers notre peine s'achemine encore.

Les yeux, les yeux eclaircis de mes fils de mes fils sur mon âme aveugle d'aujourd'hui !

Magique, à travers les nuages, la lune éclaire notre odyssée. Tout partout, dans l'air, ce sont des teintes infiniment douces. Un même voile de buée laiteuse, sortant des flots, comme d'une étuve en fumée, entourant tout, les sommets et les creux, dans une phosphorescence féérique.

Mais voici qu'à mi-chemin de la lune, par-dessus les lumineuses fééries de la mer, un grand arc-en-ciel se forme, amené là par cette intense buée.

Et lors nous nous regardons étonnés, comme sous un dais, suspendu sur nos têtes, par des chaînes d'invisible cristal...

Dans la clarté brille la très douce figure de mon père.

Cette nuit obscurément dans l'ombre, comme de très loin, je le sentais revenir.

Je ne voyais plus sa face. Elle s'était abimée.

Mais ses bras étaient grands, immenses, noirs ; puis velus, velus, couvrant, entourant toute la terre.

Alors pour la première fois devant lui j'avais peur.

Il m'étouffait.

Tout son sang me refluait au cœur.

J'avais peur, j'avais peur d'expirer.

Tout son sang me refluait comme pour m'étouffer.

J'étouffe, j'étouffe.

De tout ce poids, je ne peux débarrasser mon cœur.

— Mes yeux reposent dans la nuit. Mon Père,

écris pour moi dans la lumière. Mais qu'ai-je dit dans mon rêve ?

. . . .

O mère, si tu veux me retrouver plus tard, sois heureuse. Je me meurs. Fallait-il la mort pour te comprendre. O mère, je baise tes pauvres pieds. Vis heureuse dans le souvenir de ton fils. Attiré par son idéal, il n'a pu supporter le poids de la vie.

Que mon sourire, ô mère, t'égaie sur ton chemin. Aie le courage de ton fils : dans le souvenir il te regarde heureux.

Dis-toi que je suis mort dans le souvenir de mon père, et qu'il n'a pu s'arrêter sur la voie de bonté qu'il m'avait marquée.

Mère, ne te désole point. Au dernier moment, j'ai la foi, la foi en toi. Et nous nous retrouvons pour toujours éternels.

Je meurs, j'ai communié. Je ne pouvais agir autrement. J'ai communié dans le sang de mon père, je ne regrette rien, mon père avait jugé pour moi.

Français, dans vos rêves de gloire, frappés en pleine poitrine, pourrez-vous survivre à vos pères ?

La mort ne m'effraie point. J'ai vu ma tendre mère. A part elle, y a-t-il un autre amour !

O mère prie pour ton petit fils. Sois heureuse que je te clame. Tu seras heureuse en lui. Et sois dans mon amour éternel.

Il fallait la mort pour te comprendre, ô mère. Prie, o petite mère, prie, je t'ai trop embrassée ; et dans le rêve de mon père, t'ai-je encore embrassée ?

Je t'embrasserai, heureux dans la mort.

J'ai confiance en la mort.

— Mes yeux, mes yeux reposent dans la nuit. Mon père, écris pour moi dans la lumière.

— J'étouffais, j'étouffais.

Dans un effort inouï, ivre de désirs, je tendais mes deux yeux.

Pour la première fois devant lui j'avais peur.

Comment m'en suis-je tiré.

Mes yeux se sont ouverts.

Je ne peux plus dormir. Les cierges veillent

sur mes paupières. Mes yeux se sont ouverts.

— Lecteur, voici mon livre.

Dans ta marche hâtive, verras-tu la petite croix ?

> O fils trop aimé
> Tout ce sang répandu
> Larmes de son corps.

ACHEVÉ D'IMPRIMER

Le cinq mars mil neuf cent trois

PAR

BUSSIÈRE

. A SAINT-AMAND (Cher)